AF297633

LA CARAVANE

DU CAIRE,

OPERA.

LA CARAVANE

DU CAIRE,

OPÉRA

EN TROIS ACTES;

Représenté sur le Théâtre de la Républiqui et
des Arts, le 16 germinal an 7.

Prix, 1 fr. 50 cent.

A PARIS,

DE L'IMPRIMERIE DE MIGNERET,
rue Jacob, N.° 1186.

Et se trouve

Au Bureau dramatique, rue Helvétius, N.° 664.

An VII.

PAROLES DU C.^{en} E. MOREL,

MUSIQUE DU C.^{en} GRÉTRY,

LES BALLETS DE LA COMPOSITION DU C.^{en} GARDEL.

NOMS DES PERSONNAGES.

LE PACHA,	C.ⁿˢ CHÉRON.
TAMORIN,	ROUSSEAU.
USCA,	LAYS.
FLORESTAN,	DUFRESNE.
SAINT-PHAR,	LAFORÊT.
FURVILLE,	LHOSTE.
OSMIN,	MOREAU.
ALMAIDE,	C.ⁿᵉˢ MAILLARD.
ZÉLIME,	HENRY.
UNE FRANÇAISE,	CHEVALIER.
UNE ALMÉE ou IMPROVISATRICE,	CHEVALIER.

PERSONNAGES DES CHOEURS.

CÔTÉ DROIT.		CÔTÉ GAUCHE.	
Citoyennes	*Citoyens*	*Citoyennes*	*Citoyens.*
Duchamp.	Moreau.	Launer.	Lhoste.
Himm.	Devilliers.	Maker.	Le Cocq.
Bozon.	Deville.	Gambais.	Putheau.
Dubois.	Leroy.	Duchesne.	Gonthier.
Petit.	Aubé.	Aubry.	Varlet.
Vaillant.	Flanchée.	Mullot.	Martin.
Royer.	Adrien.	Vadé.	Rey.
Florigny.	Picard.	Lemoine.	Tacusset.
Delboy.	Delboy.	Proche.	Leroux l'aîné.
Chevrier.	Duchamp.	Mente.	Chevrier.
Valin.	Briel.	Joinville.	Leroux jeune.
	Cholet.		Nocart.
	Leroy.		Beaugrand.
	Gobert.		Bertet.
	Ferret.		Henry.

DANSE.

ACTE PREMIER.

Officiers de la Caravane.

Les C.ns Richard, Borda, Honnoré, Petit.

Chefs des Arabes.

Les C.ns Lhuillier, Butteau, Colbert, Verneuil.

ACTE SECOND.

Femmes du Sérail.

La C.ne Perignon.

Les C.nes Delisle, Milliere, Louise, Monroy, Bourgeois l'aînée, Victoire, Gautier, Gabriele 2.e, Cécile.

2.e DIVERTISSEMENT.

Circassiens.

Le C.en Vestris.

La C.ne Gardel, La C.ne Chevigny.

Hongrois.

Le C.en Beaupré, La C.ne Collomb.

Anglais.

Le C.en Moreau, La C.ne Coulon.

Persanes.

La C.^{ne} Clotilde.

Les C.^{nes} Leon., Deniavisal , Courtois , Langlois , Hortence ,
Gabriele 1.re , Lily , Cornu.

Arabes.

Le C.^{en} Beaulieu , la C.^{ne} Chameroy , Louise.

Marchands d'Esclaves.

Les C.^{ns} Simonet , Deschamps , Lebel , Cantagrel , Lhuillier ,
Borda , Butteau , Petit , Auguste , Jolly , Verneuil , Casimo ,
Courtois , Saaron.

Africaine.

La C.^{ne} Puissieux.

ACTE TROISIÈME.

Mameloucks.

Le C.^{en} Milon.   La C.^{ne} Saulnier.

Les C.^{ns} Deschamps , Cantagrel , Lhuillier , Borda , Honnoré ,
Butteau.

Les C.^{nes} Leon , Deniavisal , Courtois , Langlois , Gabriele 1.re ,
Cornu.

Janissaires.

Le C.^{en} Branchu.

Les C.^{nes} Perignon , Collomb.

Les C.^{ns} Delahaye , Beguin , Casimo , Courtois , Boyon ,
Verneuil.

Les C.^{nes} Barré , Bourgeois l'aînée , Gauthier , Buisson ,
Eulalie , Bourgeois cadette.

Ichoglans ou *Pages du Pacha.*

Les C.ns Saint-Amand, Beaulieu, Guenetez, Auguste, Jolly, Eve, Marette, Saaron.

Jeunes Turques.

La C.ne Delisle.

Les C.nes Enguis, Seuriot, Gabriéle 2.e, Delisle 1.re, Victoire, Cécile.

Improvisatrice ou *Almée.*

La C.ne Jacquotot.

Eunuques noirs.

Le C.en Beaupré.

Les C.ns Henry, Romain, Baptiste, Louis, Lecore, Marcellin, Toussaint, François.

Enfans Turcs.

Les C.nes Florine, Delphine, Jeannette, Rivierre, Dupuis, Eugénie, Lolotte, Marguerite.

LA CARAVANE DU CAIRE.

ACTE I.

Le Théâtre représente une Halte de Caravane, et une campagne sur les bords du Nil. On voit plusieurs grouppes de voyageurs, les uns libres, les autres esclaves, qui témoignent alternativement leur joie et leur tristesse.

SCÈNE PREMIÈRE.

SAINT-PHAR, ZÉLIME, CHOEUR *de Voyageurs libres* ; *une* ESCLAVE *Française* ; CHOEUR *d'Esclaves.*

CHOEUR *de Voyageurs libres.*

Après un long voyage,
Qu'on goûte de plaisirs
A revoir le rivage,
Objet de ses desirs !

UN CORYPHÉE.

Bientôt les murs du Caire
S'offriront à nos yeux ;
Ce jour qui nous éclaire
Verra combler nos vœux.

A

LA CARAVANE,

CHOEUR *de Voyageurs Esclaves.*

Sur ce triste rivage,
Hélas ! versons des pleurs :
Livrés à l'esclavage,
Déplorons nos malheurs.

UNE ESCLAVE *Française.*

AIR.

Ne suis-je pas aussi captive ?
Je devrais gémir comme vous ;
Mais Française, ma gaîté vive
Du sort me fait braver les coups.
Oui, malgré sa rigueur extrême,
Je ris : la joie est dans mes yeux ;
Il faudra bien qu'ici l'on m'aime.
Je soumettrais un Sultan même.
Les femmes règnent en tous lieux.

SAINT-PHAR, *montrant ses fers.*

De ton époux voilà donc le partage !
Que tu dois maudire ce jour,
Tendre Zélime, où sensible à l'amour,
De mes vœux tu reçus l'hommage !
Fut-on jamais plus malheureux !
J'espérais, de retour en France,
Par un père adoré faire approuver nos nœuds.
Le sort trahit mon espérance ;
Hélas ! il me condamne à des tourmens affreux.

ZÉLIME.

Malgré la fortune cruelle
Qui veut me séparer de toi,
Saint-Phar, je te serai fidelle,
Et l'amour et l'honneur m'en imposent la loi.

SAINT-PHAR.

Que la mort seule nous sépare ;
Eh ! qui pourrait t'arracher de mes bras ?
Non , non, je ne souffrirai pas
Qu'au pouvoir d'un barbare
On livre tant d'appas.

ZÉLIME.

Bannis cette image cruelle !
Elle me fait horreur :
Ton amante fidelle
En mourrait de douleur.

SAINT-PHAR.

Avant d'atteindre ce rivage ,
Vents mutinés , flots en courroux ,
Que n'avez-vous , dans votre rage ,
Englouti deux tendres époux !

ZÉLIME.

Hélas ! ton épouse chérie ,
Bravant les horreurs du trépas ,
Aurait peu regretté la vie ,
En la perdant entre tes bras.

DUO.

SAINT-PHAR.	ZÉLIME.
Avec une épouse chérie ,	Hélas ! ton épouse chérie ,
Bravant les horreurs du trépas ,	Bravant les horreurs du trépas ,
J'aurais peu regretté la vie ,	Aurait peu regretté la vie ,
En la perdant entre ses bras.	En la perdant entre tes bras.

SCÈNE II.

LES PRÉCÉDENS, HUSCA.

HUSCA *dans une tente, occupé à calculer.*

Un, deux.... tout ce calcul me fatigue la tête.
(*Il se lève.*)　　　　　(*A la Caravane.*)
A repartir que bientôt on s'apprête.
(*A Saint-Phar et à Zélime.*)
Cessez tous ces propos d'amour,
Vous serez séparés avant la fin du jour.

SAINT-PHAR.

Me séparer de ce que j'aime !
Zélime est mon épouse ; oui, j'ai reçu sa main.

HUSCA.

Il faut y renoncer.

ZÉLIME.

Quelle rigueur extrême !

SAINT-PHAR.

Toi, fille d'un Nabab ! fille d'un souverain !
Je te verrais livrée au plus vil esclavage !
Pour finir nos revers,
Compte sur mon courage.

ZÉLIME.

Nous sommes dans les fers,
Que pourra ton courage ?

HUSCA.

AIR.

Téméraire Français,
Dont l'audace me blesse,
D'une folle tendresse
Réprime les excès.
Ou sujette, ou princesse,
Zélime a des attraits
Qui feront ma richesse.
Français, à ta maîtresse
Renonce pour jamais.

SAINT-PHAR.

Dieux ! renoncer à ce que j'aime !
L'esclavage, les tourmens même
Ne me feront jamais changer.

ZÉLIME.

Au seul nom de ton père,
Tous les trésors du Caire
Pourront s'ouvrir.

SAINT-PHAR.

S'il savait mon danger,
Ah ! quelles seraient ses alarmes !
(*A Husca.*)
Aux regards du Pacha n'expose pas ses charmes.

ZÉLIME.

Cesse de t'affliger,
Sans doute ta naissance....

HUSCA *ironiquement.*

Belle espérance !
Que nous fait sa naissance ? Il n'y faut plus songer.

ZÉLIME, SAINT-PHAR.

Hélas ! je vous implore,
Montrez-vous généreux ;
Que l'espoir puisse encore
Renaître en nos cœurs malheureux.

HUSCA.

C'est en vain qu'on m'implore,
Il faut briser vos nœuds.

SCÈNE III.

LES ACTEURS PRÉCÉDENS.

Une Voix derrière le Théâtre.

Aux armes ! aux armes !

HUSCA.

D'où naissent ces alarmes ?

CHOEUR *de Voyageurs.*

Les Arabes fondent sur nous ;
Aux armes ! aux armes !

HUSCA.

Repoussons ces brigands ; aux armes ! courons tous.

SAINT-PHAR.

J'oublie en ce moment mes malheurs et ma haine.
Husca, brise ma chaîne,
Arme mon bras.

HUSCA.

J'admire sa fierté.

Va, courageux Français, va te couvrir de gloire,

Le prix de la victoire
Sera ta liberté.

*(On voit des Arabes descendant des montagnes qui bornent
le fond du Théâtre, fondre sur la Caravane, pour la piller.)*

CHOEUR *d'Arabes.*

Frappons cette troupe timide,
Enlevons ses trésors.
Cet espoir seul nous guide,
Anime nos efforts.

CHOEUR *de Voyageurs.*

Repoussons leurs efforts,
Défendons nos trésors.

*(Le combat s'engage, Saint-Phar et la Caravane repoussent
les Arabes.)*

ZÉLIME.

Ciel ! au sein du carnage,
Veille sur mon amant !
Qu'il sorte triomphant
De ce combat sanglant
Où sa valeur l'engage !

FEMMES *esclaves et libres.*

Ciel ! au sein du carnage,
Conserve son amant !
Qu'il sorte triomphant
De ce combat sanglant
Où sa valeur l'engage !

(Huscar et Saint-Phar rentrent.)

HUSCA.

La victoire est à nous;
Saint-Phar, par son courage,

De la mort, du pillage
Nous a préservés tous.

SAINT-PHAR.

Ces infâmes brigands sont tombés sous nos coups :
Épars dans les campagnes,
On les voit, en fuyant, regagner leurs montagnes.

ZÉLIME et LE CHOEUR.

La victoire est à nous ;
Saint-Phar, par son courage,
De la mort, du pillage
Nous a préservés tous.

HUSCA.

Pour prix de ta vaillance,
Sois libre....

SAINT-PHAR.

Non, je reste en ta puissance ;

(*En montrant Zélime.*)

Husca, brise plutôt ses fers ;
Ah ! sans doute à ce prix les miens me seront chers.

FINALE.

HUSCA.

Que me demandes-tu ? J'ai rempli ma promesse.

SAINT-PHAR.

Délivre, au lieu de moi, l'objet de ma tendresse.

ZÉLIME *à Saint-Phar.*

Jouis du prix de ta valeur,
Unique objet de ma tendresse.

SAINT-PHAR.

Loin de l'objet qui m'intéresse,
Pourrais-je trouver le bonheur ?

Z É L I M E.

Jouis du prix de ta valeur.

S A I N T - P H A R.

Quel tourment pour mon cœur !

(*A Husca.*)

Délivre, au lieu de moi, l'objet de ma tendresse.

H U S C A.

Que me demandes-tu ? J'ai rempli ma promesse.
Zélime ! elle est d'un trop grand prix.

S A I N T - P H A R.

Que Zélime ait la préférence.

H U S C A.

Zélime ! ah ! quelle différence !
Non, non, je ne le puis.

L E   C H OE U R.

De deux époux fidelles
Pourquoi rompre les nœuds ?
De leurs chaînes cruelles
Délivrez-les tous deux.

Z É L I M E.

Sois touché par nos larmes.

S A I N T - P H A R.

En voyant tant de charmes,
Ah ! laisse-toi fléchir.

H U S C A.

Husca depuis long-tems voit couler tant de larmes,
Il faut de l'or pour m'attendrir.

L E   C H OE U R.

Quelle injustice !
Quelle avarice !
Rien ne peut le fléchir.

HUSCA.

L'or seul peut m'attendrir.

SAINT-PHAR.

Je n'ai combattu que pour elle,
Son péril seul armait mon bras.

HUSCA.

J'aurai d'une femme si belle
Du Pacha deux mille ducats.

LE CHOEUR.

C'est pour une épouse fidelle
Que Saint-Phar bravait le trépas.

ZÉLIME.

C'est pour son épouse fidelle
Que Saint-Phar bravait le trépas.

HUSCA.

Paix.... paix, partons, ne tardons pas.

SAINT-PHAR.

Reprenons l'espérance ;
Au Caire on connaît ma naissance ;
Oui, je pourrai te délivrer.

ZÉLIME.

O flatteuse espérance !

HUSCA.

Partons, partons sans différer.

(La Caravane reprend la marche.)

Fin du premier Acte.

ACTE II.

*Le Théâtre représente un appartement du Pacha
du Caire.*

SCENE PREMIERE.

HUSCA, TAMORIN.

HUSCA.

ME voilà de retour. Tamorin aujourd'hui,
Auprès de son généreux maître,
Doit être mon appui

TAMORIN.

Depuis long-tems on ne t'a vu paraître.

HUSCA.

J'ai sur terre et sur mer couru plus d'un hasard ;
Mais j'arrive à propos pour me rendre au Bazard ;
Et ton maître, je pense,
Sur les autres marchands me doit la préférence.

TAMORIN.

Que nous amènes-tu ?

HUSCA.

Va, tu seras content.

TAMORIN.

Si j'en crois ma mémoire,
Le voyage dernier tu m'en disais autant.

HUSCA.

Ami, tu peux m'en croire,
Dans le cœur du Pacha, par l'ennui tourmenté,
Les beautés que j'amène
Rappelleront l'amour et la gaîté.

TAMORIN.

On aura de la peine.
Mon maître cependant aime la nouveauté.

HUSCA.

J'ai des beautés piquantes,
De vives, d'agaçantes;
J'en ai de languissantes,
D'autres dont les yeux doux
Respirent la tendresse.
De plaire à sa hautesse
Je fus toujours jaloux.
Quand il verra mon Africaine,
Et la Française que j'amène,
Ah ! qu'il sera content de nous !

TAMORIN.

Quoi ! des beautés piquantes,
De vives, d'agaçantes ?
Ah ! qu'il sera content de nous !

En ta faveur je préviendrai mon maître.

HUSCA.

Je saurai reconnaître...

TAMORIN.

Ami, compte sur moi :
Mais le Pacha paraît ; Husca, retire-toi.

SCÈNE II.

LE PACHA, TAMORIN.

LE PACHA.

Qu'on prépare une fête
Au généreux Français qui, par d'heureux efforts,
Sauva de la tempête
Le vaisseau qui portait mes plus rares trésors.

TAMORIN.

Cette fête pourra peut-être vous distraire.
Que Florestan sera surpris
De voir briller au Caire
Les talens et les arts qu'on admire à Paris !

LE PACHA.

Je veux qu'il soit frappé de ma magnificence.

AIR.

Oui , j'ai toujours aimé la France.
Le Français est joyeux ;
Brave , galant , sa noble aisance
Le fait desirer en tous lieux.
Il semble né pour plaire ;
Sensible et généreux ,
Des peuples de la terre
Il est le plus heureux.
Sitôt que la trompette sonne ,
Brûlant de voler aux combats ,

Le sang dans ses veines bouillonne ;
En vain l'amour veut arrêter ses pas.

TAMORIN.

Seigneur, Almaïde s'avance ;
Sans doute sa présence....

LE PACHA.

Ne charme plus mes yeux.

SCÈNE III.

LE PACHA, ALMAIDE, *et Femmes du Sérail.*

ALMAIDE.

Je viens à mon amant exprimer ma tendresse ;
Les femmes du sérail vont seconder mes vœux.
Puisse-t-il, en voyant nos fêtes et nos jeux,
        Du plaisir éprouver l'ivresse !
        Il jugera si nos efforts
Pourront plaire aux Français arrivés sur ces bords.

(Ballet des femmes du sérail, qui s'empressent à présenter le sorbet, les parfums et des fleurs au Pacha.)

CHOEUR *des femmes.*

Du maître aimable qu'on révère,
        Charmons tous les loisirs ;
        Inventons pour lui plaire
        Mille nouveaux plaisirs.

UNE CORYPHÉE.

Chacun ici l'adore,
Il règne sur nos cœurs :

Présentons-lui de Flore
Les dons les plus flatteurs.

LE PACHA, *après le ballet.*

Almaïde , de votre zèle
Je viens de recevoir une preuve nouvelle.
A fêter les Français montrez la même ardeur.

(*Elles sortent*).

SCÈNE IV.

LE PACHA, TAMORIN.

LE PACHA.

Les plaisirs , Tamorin , ne flattent plus mon cœur.

TAMORIN.

Bannissez , s'il se peut , cette mélancolie.

AIR.

C'est la triste monotonie
Qui du cœur éteint les desirs ;
Par elle notre ame flétrie
Languit dans le sein des plaisirs.
Le papillon léger , volage ,
Aime à caresser chaque fleur ;
C'est par ses jeux , son badinage ,
Qu'il renouvelle son bonheur.

LE PACHA.

Rien ne peut me toucher , je perds cette espérance.

TAMORIN.

L'inconstance
De l'ennui saura vous guérir.

Formez une nouvelle chaîne.

En ce jour Husca vous amène

Des beautés dont l'aspect pourra seul vous ravir.

LE PACHA.

Tu me conseilles l'inconstance,
Elle seule fait mon malheur ;
Elle produit l'indifférence,
L'indifférence et la langueur.
Tu me conseilles l'inconstance,
Elle seule fait mon malheur.

Je ne veux plus d'un cœur gêné par les entraves ;
Je cherche une compagne et non pas des esclaves.

TAMORIN.

Des femmes de l'Europe on vante la beauté,
Peut-être elles feraient votre félicité.

(Husca entre.)

TRIO.

TAMORIN *au Pacha.*

Il amène des Hollandaises.

LE PACHA *regardant Husca, qui lui fait une profonde révérence.*

Des Hollandaises ?

TAMORIN.

Des Persannes, des Anglaises.

LE PACHA.

Des Anglaises ?

TAMORIN.

Il amène aussi des Françaises ;
Il peut combler tous vos souhaits.

LE PACHA.

J'aime assez les Hollandaises,
Les Persannes, les Anglaises ;
Mais je préfère des Françaises,
L'esprit, la grace et les attraits.

TAMORIN.

Elles sont belles.

HUSCA.

Piquantes.

TAMORIN.

Aimables, vives.

LE PACHA.

Charmantes !
Je ne puis faire un plus beau choix.

LE PACHA, HUSCA, TAMORIN.

Chaque jour plus séduisantes,
Et toujours intéressantes,
Piquantes,
Charmantes.

HUSCA, TAMORIN.

Pouvez-vous faire un plus beau choix ?

LE PACHA.

Heureux qui peut suivre leurs loix !

TAMORIN.

On les dit un peu changeantes ;
Mais qu'elles soient inconstantes,
Un Pacha craint peu ce défaut.

LE PACHA.

Pour mon bonheur, c'est ce qu'il faut.
Je veux dans le Bazard jouir de leur présence ;

B

Quoi ! je pourrais trouver ce bonheur que j'attends :
Ordonne, Tamorin, que ma garde s'avance
Au bruit pompeux des instrumens.

SCÈNE V.

*Le Théâtre change et représente le Bazard ; on
y voit les personnages du premier acte, des
boutiques brillantes, des cafés, des orchestres.
On distingue l'assemblage de toutes les nations,
des marchands d'Esclaves, etc. Le Pacha arrive
avec sa garde ; Husca et d'autres marchands
font passer devant lui les Esclaves ; les unes
dansent, les autres chantent, les autres jouent
des instrumens. Le Pacha achète plusieurs
Esclaves, de l'un et de l'autre sexe. On voit,
sur la fin du divertissement, Zélime cachée
par un voile.*

(*On danse.*)

UNE ESCLAVE, *Française.*

A I R.

Nous sommes nés pour l'esclavage,
Nul n'est libre dans l'univers.
Des humains tel est le partage ;
Le plus heureux porte des fers.
L'un sert Plutus, l'autre Bellone ;
Des honneurs un autre est jaloux.
De tous les maîtres qu'on se donne,
L'amour me semble le plus doux.

UNE CANTATRICE *Italienne.*

AIR.

Fra l'orror della tempesta,
Che alle stelle il volto imbruna
Qualche raggio di fortuna
Gia commincia a scintillar.
   Dopo sorte si funésta
   Sara placida quest' alma,
   E godra tornata in calma,
   I perigli à ramentar.

QUATUOR d'Allemands.

Quelles rigueurs inhumaines
Nous souffrons dans ces climats !
Nos bras sont chargés de chaînes ;
Ils étaient faits pour les combats.   Traduction
Pacha, de notre courage   de l'allemand.
Fais un plus heureux emploi ;
Que ta pitié nous dégage,
Tous nos cœurs seront à toi.

(*Après le Divertissement.*)

HUSCA.

Seigneur, ah ! quelle beauté rare
Husca vient offrir à vos yeux ;
J'ai voulu la soustraire aux regards curieux.
Non, il n'est rien d'aussi beau sous les cieux.

ZELIME, *à part.*

Sort cruel, sort barbare !

HUSCA.

AIR.

Le grand prophète en ses écrits,
Au ciel nous promet des Houris;
En a-t-il une de ce prix?
Pacha, vous en serez surpris.

    C'est une grace
    Que rien n'efface;
Les fleurs n'ont pas cet éclat,
    Ce parfum délicat,
    Ni ce vif incarnat.
Le grand prophète, etc.

(Il amène Zélime.)

Une gaîté vive, brillante,
    Sans cesse renaissante,
    Est d'un prix qui l'augmente
    Aux yeux du connaisseur.

    Je jure par l'honneur
    Que c'est une merveille;
    Sa taille est sans pareille.
    Eh ! quel Sultan jamais
    Posséda tant d'attraits!
Une gaîté, etc.

Ces beaux yeux sont brillans comme l'astre du jour;
Qui les voit un instant doit ressentir l'amour.

LE PACHA.

Que dans l'instant son voile soit ôté.

(On ôte le voile.)

Ciel ! que d'attraits!... les pleurs que je lui vois répandre
Augmentent encor sa beauté.

De la trouver jolie on ne peut se défendre.
(*A part.*) Mon maître est enchanté.

LE PACHA.

J'en veux avoir la préférence;
Et dix mille ducats te suffiront, je pense.

HUSCA.

Vous comblez tous mes vœux.

TAMORIN.

Mon maître est généreux.

HUSCA.

Aux ordres du Pacha, Zélime, il faut se rendre.

SAINT-PHAR *entrant*.

Pourriez-vous la ravir à l'époux le plus tendre?
J'apportais sa rançon, j'accourais plein d'espoir...

LE PACHA.

Elle est en mon pouvoir.

SAINT-PHAR.

Rendez-moi ce que j'aime.

HUSCA.

C'est pour Zélime une faveur suprême.

CHOEUR.

C'est pour Zélime une faveur suprême.
(*On emmène Zélime.*)

SCÈNE VI.

SAINT-PHAR *seul*.

AIR.

Va, cruel! mais d'un tendre époux
Redoute le courroux.

Ce bras, à ton pouvoir suprême,
Saura bien ravir ce que j'aime.
L'amour, secondant mon effort,
Guidera ma fureur extrême.
Oui, j'irai, dans ton palais même,
Ou te donner, ou recevoir la mort.

Fin du second Acte.

ACTE III.

Le Théâtre représente un appartement intérieur
du Pacha.

SCÈNE PREMIÈRE.

FLORESTAN, FURVILLE *et sa Suite.*

FLORESTAN.

Vous brûlez de revoir les rives de la France ;
   Mais avant de quitter ces lieux,
Il faut que le Pacha reçoive nos adieux.
Il a des droits sacrés sur ma reconnaissance.
Allez, Furville, allez. Demandez audience.

FURVILLE.

Il faudra donc, hélas ! partir sans votre fils !

FLORESTAN.

De le revoir encor', l'espoir m'est-il permis ?

FURVILLE.

Aux vœux du père le plus tendre,
   Le ciel un jour pourra le rendre.

FLORESTAN.

Ah ! Furville ! au fond de son cœur,
Laissez à votre ami renfermer sa douleur.

SCÈNE II.

FLORESTAN *seul.*

Tu me condamnes donc, ô fortune cruelle,
　　A ne plus voir mon fils !
Jouet des vents, des flots, j'aborde en ce pays :
Rien n'a pu ralentir mon courage et mon zèle.
　　J'ai parcouru tous les climats
Pour retrouver ce fils si cher à ma tendresse,
Qu'entraîna sur les mers le desir des combats;
　　Tout en ce jour augmente ma tristesse;
Sans doute je n'ai plus qu'à pleurer son trépas.

A I R.

Ah ! si pour la patrie,
Au milieu des combats,
Il eût perdu la vie;
O mort ! de ta furie
Je ne me plaindrais pas.

Mais à la fleur de l'âge,
Un funeste naufrage
Peut-être de ses jours
A terminé le cours.

Ah ! si pour la patrie, etc.

SCÈNE III.

FLORESTAN, FURVILLE, TAMORIN.

TAMORIN.

Près du Pacha je dois vous introduire ;
Daignez suivre mes pas, je vais vous y conduire.
FLORESTAN *à part.*
L'image de mon fils me poursuivra toujours.

(*Ils sortent.*)

SCÈNE IV.

ALMAIDE *seule.*

AIR.

Je souffrirais qu'une rivale
Du Pacha m'enleyât le cœur ?
Non, non, d'une flamme fatale
Je saurai prévenir l'ardeur.

Amour, viens seconder ma rage ;
Contre Zélime arme mon bras ;
Amour, tu dois venger l'outrage
Que l'on veut faire à mes appas.

SCÈNE V.

ALMAIDE, OSMIN.

OSMIN.

Almaïde, peut-on vous faire confidence....

ALMAIDE.

Parle avec assurance.

OSMIN.

Zélime....

ALMAIDE.

Eh bien !

OSMIN.

Vous connaissez ma foi,
Un Français amoureux dont l'or pourrait séduire
Un serviteur moins fidèle que moi....

ALMAIDE.

Poursuis.

OSMIN.

Voudrait, dans l'ardeur qui l'inspire,
L'enlever au Pacha qui la tient sous ses loix,
Et, c'est d'Osmin qu'il a fait choix
Pour seconder son dessein téméraire.

ALMAIDE.

Sans balancer, il faut l'exécuter.

OSMIN.

Mais je dois du Pacha redouter la colère.

ALMAIDE.

Osmin, veux-tu me plaire ?

OSMIN.

Sur vous puis-je compter?

ALMAIDE.

Compte sur mon pouvoir, sur ma reconnaissance.
Ce généreux Français servira ma vengeance.
    À la faveur des ombres de la nuit,
Par toi dans le sérail en silence introduit,
Qu'il enlève Zélime; Osmin, que rien n'arrête
        Ton zèle courageux ;
        La fête qu'on apprête
        Favorise mes vœux.

                              (*Il sort.*)

SCÈNE VI.

ALMAIDE *seule.*

AIR.

J'ABJURE la haine cruelle
Qui dévorait mon cœur jaloux.
Rendons une épouse fidelle
Aux vœux de son fidèle époux.
Loin de ces lieux qu'elle respire
Au sein de la félicité :
Son départ m'assure un empire
Que m'eût enlevé sa beauté.

SCÈNE VII.

LE PACHA, ALMAIDE.

ALMAIDE.

JE ne le vois qué trop , Zélime a su vous plaire :
Faut-il donc que cette étrangère
Me ravisse le cœur
D'un amant que j'adore ?

LE PACHA.

Calmez cette frayeur :
Oui , vous régnez encore ,
Votre pouvoir est le même en ces lieux.
Qui peut vous inspirer ces soupçons odieux ?
Allez pour ordonner la fête :
Zélime ne doit point alarmer votre cœur.

ALMAIDE, *à part, en sortant.*

Dans mon ame inquiète ,
Sa fuite saura mieux rappeler le bonheur.

SCÈNE VIII.

LE PACHA.

AIR.

C'EST en vain qu'Almaïde encore
A mes yeux offre ses attraits ;
Zélime , c'est toi que j'adore ,
A toi je m'engage à jamais.

De mon ame sensible et tendre,
Tu dédaignes les feux.
Mes soins pourront te rendre
Moins rebelle à mes vœux.

Du sort injuste qui t'outrage,
Je veux réparer la rigueur.
Unique objet de mon hommage,
Si tu réponds à mon ardeur,

C'est en vain, *etc.*

SCENE IX.

LE PACHA, OSMIN.

OSMIN.

SEIGNEUR, les Français vont paraître.

LE PACHA.

Qu'ils soient à l'instant même introduits devant moi.

(Il sort.)

SCENE X.

Le Théâtre change, et représente un jardin
préparé pour une fête.

Entrée du Pacha et sa suite. FLORESTAN et sa suite.

FLORESTAN.

JALOUX de reconnaître
Le service important que j'ai reçu de toi,

Quand je m'apprête à quitter ce rivage,
Pacha, reçois mes vœux et mon sincère hommage;
Mes vaisseaux par tes soins se trouvent réparés.
De tes bienfaits tu nous vois pénétrés.

A I R.

Echappés au naufrage,
Accueillis sur ces bords,
Accepte notre hommage,
Jouis de nos transports.

CHOEUR *des Français.*

Echappés au naufrage, *etc.*

LE PACHA.

Tout retentit sur ce rivage
Du bruit de tes nobles travaux :
Français, je rends à ton courage
Le tribut qu'on doit aux héros.

CHOEUR *des Turcs.*

Goûtez sur ce rivage
Les douceurs du repos.
Chacun doit rendre hommage
A vos nobles travaux.

LE PACHA.

Qu'un instant en ces lieux le plaisir vous arrête ;
Après tant de dangers, on peut bien s'y livrer.
Prenez part à la fête
Que j'ai fait préparer.

SCÈNE XI.

La fête commence ; à peine est-elle commencée,
qu'on entend un grand bruit.

(*La Favorite est entrée avec le divertissement.*)

CHŒUR *derrière le Théâtre.*

ON enlève Zélime !
Quelle audace, quel crime !

LE PACHA.

Quel est ce bruit ?

TAMORIN *en entrant.*

On enlève Zélime.

ALMAIDE *à part.*

Ah ! je respire enfin !

LE PACHA.

Courez, gardes, courez ;
D'elle vous répondrez.
(*A Tamorin.*)
Quel mortel téméraire. . .

TAMORIN.

Ce Français...

FLORESTAN.

Un Français !...

LE PACHA.

Rien ne peut le soustraire
A mon juste courroux.

FINALE.

FLORESTAN.

Un Français avoir cette audace !
Point de pitié, non, point de grace ;
Son crime nous outrage tous.

LE PACHA.

Il mérite tout mon courroux.

FLORESTAN.

Qu'on le remette en ma puissance ;
C'est à moi de punir l'offense.
Pacha, qu'on le livre à nos coups.

ENSEMBLE.

C'est à moi de punir l'offense.

FLORESTAN.

Son crime nous outrage tous.

SCENE XII.

Les précédens, ZÉLIME, *entouré de Gardes.*

ZÉLIME.

Ah ! sur moi vengez-vous ;
Que seule je périsse,
Mais que votre justice,
Epargne mon époux.
Il adore Zélime,
Il m'a juré sa foi :
Hélas ! si c'est un crime,
Ne punissez que moi.
Saint-Phar....

FLORESTAN.

Quel nom ! tous mes sens sont saisis.

ZÉLIME.

Hélas !

FLORESTAN.

De ses parens vous avez connaissance ?

ZÉLIME.

Le brave Florestan lui donna la naissance.

LE PACHA et LE CHŒUR.

O ciel !

FLORESTAN *consterné.*

Le coupable est mon fils.
Quelle douleur m'accable !

LES FEMMES.

Ah ! que son sort est déplorable !

TRIO.

ALMAÏDE.

Prends pitié de son triste sort ;
Laisse désarmer ta colère :
Son fils mérite-t-il la mort ?
Sois touché des larmes d'un père.

ZÉLIME.

Prends pitié de son triste sort ;
Laisse désarmer ta colère ;
Zélime craindra peu la mort,
Si tu rends Saint-Phar à son père.

FLORESTAN.

Prends pitié de mon triste sort ;
Laisse désarmer ta colère ;
Mon fils peut mériter la mort,
Mais tu vois les larmes d'un père.

C

SCENE XIII et dernière.

A la fin du TRIO *, on amène Saint-Phar enchaîné.*

LE PACHA, *allant à lui.*

Qu'on brise ses fers.

SAINT-PHAR.

O Dieux !

Où me conduisez-vous ?....

LE PACHA, *le conduisant à son père.*

Dans les bras de ton père.

FLORESTAN.

Mon fils !

SAINT-PHAR.

Mon père !

ENSEMBLE.

O Dieux !

LE CHŒUR.

Moment délicieux !

SAINT-PHAR, *au Pacha.*

Vous pouvez pardonner mon crime ?

LE PACHA.

Je fais plus, je te rends Zélime.

SAINT-PHAR, FLORESTAN.

Vous pouvez pardonner mon / son crime ?

LE PACHA.

Je fais plus, je lui rends Zélime.

(*A Almaïde.*)

Et ce jour resserre nos nœuds.

A L M A I D E.

Jour fortuné !

L E   C H OE U R.

Jour prospère !

Z É L I M E.

Saint-Phar !

S A I N T - P H A R.

Zélime !

E N S E M B L E, *embrassant Florestan.*

O mon père !

L E   P A C H A, et T O U S.

Moment délicieux !

C H OE U R *Final.*

O ciel ! quelle ivresse !

Alternativement avec le C H OE U R.

F L O R E S T A N.

O ciel ! quelle ivresse !
Que ce jour est cher à mon cœur !
Rien n'égale mon bonheur.

S A I N T - P H A R, Z É L I M E.

O ciel ! quelle ivresse !
Pour ma tendresse,
Quel moment enchanteur !

L E   C H OE U R.

Rien n'égale leur bonheur ;

O ciel ! quelle ivresse !
Pour la tendresse,
Quel moment enchanteur !

FLORESTAN, SAINT-PHAR, ZÉLIME.

N'accusons plus le sort barbare,
Quand il nous comble de faveurs ;
S'il eût pour nous quelques rigueurs,
Avec usure il les répare.

LE CHOEUR.

Après de si longs malheurs,
Un tendre père,
Une épouse si chère,
Heureux Saint-Phar, vont essuyer tes pleurs.

Après la marche, une Improvisatrice chante.

AIR.

Toujours animés par la gloire,
Vous triomphez, vaillans Français,
Et l'heureux prix de la victoire,
Vous le trouvez dans vos bienfaits.

Toute l'Europe vous admire,
L'Asie a vu tant de valeur ;
Vengeurs du faible, il ne respire
Que sous les loix de son vainqueur.

Toujours, etc.

Un Ballet général termine l'Opéra.

FIN.